FERNAND BOURNON
ARCHIVISTE PALÉOGRAPHE

MONTMARTRE-CLIGNANCOURT

(Extrait des Additions et Rectifications à l'*Histoire de la Ville et du Diocèse de Paris* de l'abbé Lebeuf)

(Tiré à 300 exemplaires)

PARIS
HONORÉ CHAMPION, LIBRAIRE
9, QUAI VOLTAIRE, 9

1895

MONTMARTRE

Origines. — Montmartre peut disputer à l'île de la Cité l'honneur d'avoir été le berceau de Paris. Les antiquités qui y ont été trouvées à plusieurs dates attestent, mieux que les plus anciens chroniqueurs, que cette colline était habitée à l'époque gallo-romaine. Son nom même en est une preuve, qu'il signifie mont de Mercure, ou mont de Mars, ou mont des Martyrs; car, même dans cette dernière hypothèse, on admettrait difficilement que ceux qui supplicièrent Saint-Denis et ses compagnons aient choisi pour cette exécution une solitude inaccessible, et il paraît plus probable qu'ils aient préféré l'endroit où les divinités du paganisme étaient l'objet d'un culte particulier. Il faut convenir, cependant, qu'en dépit de tout ce qui a été écrit sur Montmartre, le problème de ses origines n'est pas encore résolu et que les meilleurs érudits n'ont pu ni s'accorder, ni proposer une solution certaine. C'est notre devoir d'exposer l'état de la question et de la discuter à notre tour.

Pour la plupart des historiens, y compris Lebeuf, le nom de Montmartre viendrait de l'existence sur cette montagne d'un temple de Mercure, et à la vérité, Frédégaire, chroniqueur du VIIe siècle, dit que, sur l'ordre de Clotaire II, Ægina prit position *in monte Mercore*; mais est-ce là une preuve suffisante qu'il y ait eu réellement, cinq cents ans environ avant le temps où écrivait Frédégaire, un temple de Mercure à Montmartre? La tradition, ou Frédégaire lui-même n'ont-ils pas dénaturé le nom du lieu? Ne faudrait-il chercher à prouver matériellement le fait? A deux reprises dans sa notice sur Montmartre (p. 441 et p. 455), Lebeuf parle de la découverte faite à la fin de 1737 ou au commencement de 1738, dit-il, de ruines romaines exhumées des flancs de la colline, et c'est pour déclarer qu'il ne peut y voir les restes d'un temple païen, mais bien les bains d'une maison construite vers le IIIe siècle; or, notre auteur était en l'espèce témoin oculaire.

En effet, dans le *Mercure* de juin 1738, il avait décrit déjà la trouvaille faite dit-il alors en 1736 (et non 1737-38), et sans être aussi affirmatif que dans l'*Histoire du diocèse de Paris*, il se bornait à déclarer que l'édifice pouvait dater de quinze cents ans et était situé dans le bas de la montagne, du côté qui regarde Clignancourt. Ce n'est pas le propre des temples que les anciens élevaient à Mercure, toujours sur le faîte d'une montagne, comme celui, si célèbre, dont les ruines sont restées au sommet du Puy-de-Dôme.

Dans un Mémoire, fort bien fait, d'ailleurs, sur les antiquités de Montmartre, de Guilhermy conclut aussi à l'existence d'un temple de Mercure, mais sans fournir d'autres arguments que la trouvaille de 1736 et le texte de Frédégaire. Caylus, ordinairement mieux documenté, émet l'avis (*Antiquités*, tome II, p. 389-390) qu'au pied de la colline pouvait se trouver un champ de Mars; c'est là une pure hypothèse. En résumé, la preuve reste à faire que Mercure ou Mars aient été honorés en ce lieu de telle façon qu'il ait pris le nom de l'un d'eux, et nous nous trouvons en présence de la troisième solution, d'après laquelle Montmartre signifierait Mont des Martyrs, en souvenir du supplice subi là par saint Denis, saint Rustique et saint Eleuthère.

Cette solution, qui paraît la plus simple, a été très vivement contestée par un érudit dont on ne saurait assez déplorer la mort prématurée. Dans ses *Origines de Saint-Denis* (n° 5 des Questions mérovingiennes cf. *Bibliothèque de l'École des Chartes*, 1890 ; tiré à part, Paris, Champion, 1890 in-8°), Julien Havet s'est efforcé d'établir que saint Denis et ses compagnons avaient été suppliciés à Saint-Denis et non à Montmartre. Sa dissertation, très probante en ce qui concerne la fondation de l'abbaye de Saint-Denis, ne nous a pas convaincu pour ce qui a trait au lieu du supplice des trois martyrs. Comme il arrive même aux meilleurs esprits lorsqu'ils sont pénétrés de la justesse de leur thèse, J. Havet n'a pas tenu suffisamment compte, à notre avis, des arguments qui justifient la tradition en faveur de Montmartre et a mis surtout en valeur ceux qui, à ses yeux, plaidaient pour Saint-Denis. Sans parler de la *Vie de sainte Geneviève*, et de Grégoire de Tours dont les expressions pour désigner la première basilique élevée sur le tombeau de saint Denis peuvent prêter à l'ambiguïté (encore que Grégoire de Tours dise deux fois, aux chapitres 33 et 34 du livre V de *l'Historia Francorum*, que cette basilique était située à Paris), il a existé à Montmartre un monument qu'on a le droit de considérer comme représentant ce tombeau.

Le 13 juillet 1611, des ouvriers, en creusant le sol de la chapelle dite du Saint-Martyre, située à mi-côte à peu près de la pente sud de la colline, et dont nous parlerons plus bas, mirent à jour une sorte de cave voûtée sur les murailles de laquelle se lisaient encore des fragments d'inscriptions. Cette découverte fit grand bruit et l'on ne douta pas alors que le lieu du martyre de saint Denis n'ait été enfin retrouvé. Dubreul et, après lui, Guilhermy, dans son Mémoire déjà cité, ont publié le procès-verbal de la trouvaille, rédigé sur-le-champ, et que Lebeuf résume (p. 452). J. Havet, préoccupé de démontrer que saint Denis avait été mis à mort sur le territoire de la ville qui porte son nom, ne pouvait, par conséquent, partager l'opinion générale sur l'origine de la crypte exhumée en 1611 ; aussi se borne-t-il à dire qu'« il faut rendre hommage à la science et à l'ingéniosité avec lesquelles cette hypothèse a été présentée, mais il faut reconnaître aussi que les renseignements dont nous disposons sont absolument insuffisants pour asseoir une opinion. » C'est là une réfutation un peu sommaire, et sans doute cet excellent érudit ne s'était-il pas assez arrêté au chapitre IX du *Manuel d'Épigraphie chrétienne* de M. E. Le Blant (Paris, Didier, 1869, in-12, pp. 152-162), consacré tout entier à l'examen de la question. Or, M. Le Blant n'hésite pas à voir dans la crypte qui nous occupe : « un sanctuaire creusé aux premiers siècles sur la place, alors sans doute bien connue, où saint Denys et ses compagnons avaient souffert pour la foi ; dans les inscriptions murales, les actes de visite des pèlerins qui y sont venus prier ; dans le *Sanctum Martyrium* un antique édifice s'élevant, selon la coutume, sur le lieu sanctifié par le martyre », — et les arguments qu'il fournit à l'appui, tirés de la comparaison de monuments similaires paraissent tout à fait incontestables.

En résumé, ce que l'on sait du Montmartre gallo-romain se réduit : 1º à des hypothèses sur un temple de Mercure ou de Mars ayant pu exister en ce lieu, hypothèses ayant pour point de départ l'expression *in monte Mercore* de Frédégaire, écrivain du VIIᵉ siècle ; 2º à une certitude sur l'existence de ruines romaines trouvées en 1736 ; 3º à une autre certitude concernant la crypte révélée en 1611, et que M. Le Blant tient pour être la première basilique consacrée au martyre de Saint-Denis. Dans ces conditions, il n'est peut-être pas téméraire d'écarter les étymologies *Mons Mercurii*, *Mons Martis* et d'en revenir à l'opinion « dix fois séculaire » qui fait de Montmartre le *Mons Martyrum*, justifié bien mieux, d'ailleurs, par la chapelle du Saint Martyre et son sanctuaire souterrain que par le témoignage d'Hilduin ou de Frodoard.

Il est certain, au reste, que le sommet de la colline fut habité de fort bonne heure ; en effet, lorsqu'en 1875 on creusa des puits pour établir les fondations de l'église du Sacré-Cœur, des sarcophages mérovingiens y furent retrouvés en grand nombre (cf. un article de M. Rohault de Fleury dans le *Bulletin du Comité d'Hist. et d'archéol. du diocèse de Paris*, 1883, pp. 61-72).

Nous croyons inutile de rapporter, après tous les historiens, les faits relatifs à Montmartre durant la période carolingienne ; il faut cependant faire attention à ce passage de la Chronique des évêques de Cambrai cité par Lebeuf, où il est dit que l'empereur Othon, campant en 978 sur la colline, défendit à ses soldats de toucher aux églises. Comme l'a très justement observé M. Sellier, cette pluralité indique l'église paroissiale et la chapelle du Saint Martyre ; c'est la première mention écrite que l'on ait de l'une et de l'autre.

Nous traiterons maintenant de la paroisse, puis de l'abbaye et enfin de la chapelle du Saint-Martyre.

Église paroissiale. — La paroisse est dédiée à saint Pierre. Ce que dit Lebeuf (p. 441-2) d'une première église consacrée à saint Denis et dont il est fait mention dans le livre des *Miracles* de ce Saint, écrit au IXᵉ siècle, doit se rapporter à la chapelle du Saint-Martyre, qui fut sans doute la paroisse primitive des habitants de la colline. Nous avons dit qu'il y en avait un certain nombre de l'époque mérovingienne, puisqu'on a retrouvé en 1875 des sépultures datant de ce temps-là. L'existence dans l'église Saint-Pierre de colonnes antiques (voy. à leur sujet une note de M. Lazard dans le 21ᵉ fascicule du *Bulletin de la Soc. d'Hist. et d'Archéol. Le Vieux Montmartre*, pp. 31-34) ne prouve rien sur l'ancienneté de cet édifice, car il est certain que les fragments en question proviennent d'un autre monument et ont été utilisés lors de la reconstruction de l'église au XIIᵉ siècle. Cette reconstruction date à coup sûr de la première moitié du XIIᵉ siècle, peu après la donation de 1096 au prieuré de Saint-Martin des Champs et sa rétrocession de 1133, dont les chartes ont été publiées tant de fois. Le style de l'édifice suffit d'ailleurs à le dater. M. Ch. Sellier l'a décrit d'une façon fort complète et nous renvoyons à sa monographie (voy. à la Bibl.). Bien que classée comme monument historique, Saint-Pierre de Montmartre est maintenue dans un lamentable état de délabrement, presque dangereux pour la sécurité des fidèles.

Elle n'a jamais cessé d'être ouverte au culte, sauf pendant la Révolution où elle devint temple de la Raison, pendant l'occupation de 1815 où elle fut convertie en dépôt et magasins de vivres, et enfin en 1871, lorsque l'administration communaliste la transforma aussi en atelier de vêtements et dépôt de munitions.

La perte des registres paroissiaux, brûlés en 1871 avec les archives de l'Hôtel de Ville de Paris, outre qu'elle nous prive d'une foule de renseignements curieux sur la condition des habitants de Montmartre aux deux derniers siècles, empêche aussi que l'on puisse dresser la liste complète des curés de ce village durant la même période. Voici, pour ces derniers, les noms que nous avons pu recueillir : Jacques Merlin, au temps de François Ier (nommé par Lebeuf, p. 454). — Claude-Louis Bail, mort en 1669 (Cf. l'*Encyclopédie* Michaud). — Claude Gilbert, baptisé le 9 octobre 1623 ; le texte de son testament, daté du 9 octobre 1695, se trouve en tête du registre de la paroisse de Clichy qui commence à l'année 1672. — Thévenin, mentionné le 9 janvier 1702 (Cf. les *Études historiques sur Montmartre et Clignancourt*, de Trétaigne, p. 234), en 1703 (Arch. nat., LL. 871). — Jean-Baptiste Lucas, mentionné en 1718 (*ibid.*). — Louis-René Compagnon, mentionné en 1746 (*ibid.*) ; en 1747 (*Recueil des Chartes de l'abbaye royale de Montmartre* publié par Ed. de Barthélemy, p. 29); assiste à Villiers, le 31 janvier 1748, aux funérailles de Jean-Antoine Habert, ancien curé de Villiers (Reg. paroissiaux de Villiers, à la mairie de Neuilly); assiste, le 27 novembre 1749, à la pose de la première pierre de l'église de Neuilly (*ibid.*). — Aimard Pichon, mentionné en 1768, *Bulletin de la Société, Le Vieux Montmartre*, 7e livraison, p 11). — L'abbé Castillan opte en 1791 pour la cure de Notre-Dame-de-Lorette (de Trétaigne, *loc. cit.*, p. 198).

Nous terminerons ces notes sur Saint-Pierre de Montmartre en rappelant que, par acte notarié du 23 mars 1892, son curé, M. l'abbé Sobaux, a acheté, au prix de 433.000 francs un terrain sis entre les rues des Abbesses, Véron et le passage de l'Élysée des Beaux-Arts pour y faire construire une nouvelle paroisse, d'accès plus facile à la majorité des habitants de la butte, et aussi en raison de l'état de ruine de l'église actuelle.

Abbaye. — Il y a bien peu de faits nouveaux à rapporter au sujet de l'abbaye de Montmartre, et ils n'ont trait qu'à des points de détail, tant ce monastère a été étudié par différents écrivains, et tant ses annales ont été soigneusement recueillies, comme on pourra s'en convaincre par la bibliographie du sujet. Le *Recueil des Chartes de l'abbaye*, publié par M. E. de Barthélemy et l'Introduction étendue qui le précède, est le dernier en date de ces travaux ; il faut fréquemment y recourir, encore que l'on y rencontre un certain nombre d'erreurs et qu'il s'y trouve, comme dans tout cartulaire factice, d'inévitables lacunes.

Il n'est pas exact de dire, comme l'ont fait Lebeuf et tous les autres historiens, que l'abbaye fut fondée en 1134 par Louis VI et Adélaïde de Savoie ; la charte qui porte ce millésime n'est qu'une confirmation des biens du monastère (Cf. *Cartulaire gén. de Paris*, I, 254-5), qui implique un acte de fondation proprement dite, aujourd'hui disparu. Lebeuf se trompe également lorsqu'il dit que la fixation par Louis VII du nombre des religieuses à soixante, confirmée par le pape Alexandre III, date de 1175 : l'acte royal seul est de cette année-là (*ibid.*, p. 434) ; M. de Lasteyrie a établi (*ibid.*, p. 454, note 6) que l'acte pontifical ne pouvait être que de 1178 ou des premiers mois de 1179.

Nous aurions voulu trouver quelques renseignements sur l'incendie de 1559 qui détruisit les bâtiments de l'abbaye situés, comme on sait, au sommet de la colline, mais les chroniqueurs contemporains n'en parlent pas, témoin ce religieux de Saint-Victor dont M. le baron de Ruble a récemment publié le *Journal* dans les *Mémoires de la Société de l'Histoire de Paris* (t. XXI, 1894). Il est intéressant de savoir qu'un projet de reconstruction de ces bâtiments fut dressé en 1561 et que Philibert de l'Orme en parle au chapitre xxiv de son X⁰ livre de l'*Architecture* ; c'est sans doute grâce à cette réfection qu'une partie des nonnes put continuer à demeurer dans le monastère du haut, tandis que les autres constituèrent une seconde communauté autour de la chapelle du Saint-Martyre, dualité qui, — nous dirons tout à l'heure comment, — prit fin en 1681.

La procession que les religieux de Saint-Denis faisaient tous les sept ans à l'abbaye de Montmartre est célèbre. Plusieurs relations en ont été imprimées ; en voici une, de 1728, que nous croyons devoir reproduire ici parce que M. E. de Barthélemy (Introduction, p. 50 et 55) n'en a donné que des fragments :

« Procession septenaire faite le premier jour de mai de l'abbaye de Saint-Denis à Montmartre.

« Extrait d'une lettre écrite le 12 du même mois (1728) par le R. P. dom Jean-Baptiste de Bourneuf, maître des cérémonies de cette abbaye.

« Je satisfais, Monsieur, avec plaisir à ce que vous souhaités de moi au sujet de la grande procession que l'abbaye de Saint-Denis fait tous les sept ans à celle de Montmartre. Vous savés, sans doute, qu'il y a eu des tems que les grandes processions faisoient une partie de la piété et de la religion des fidèles. L'esprit de pénitence qui les accompagnoit les fit multiplier, et il y eut peu d'églises considérables qui n'en fit quelqu'une d'extraordinaire. L'abbaye de Saint-Denis suivit cet exemple en établissant une grande et solemnelle procession tous les ans entre la fête de Pâques et de Pentecôte, une autre année à Aubervilliers, une autre fois Montmartre et dans d'autres lieux déterminés au nombre de sept.

« Mais dans la suitte, ces grandes processions ayant dégénéré en parties de dissipation et de plaisir, on les a abolies, à l'exception de celle de Montmartre qu'on n'a continuée, selon toutes apparences, qu'à la prière des religieuses de cette ancienne abbaye, qui n'ont pu souffrir d'être privées de la consolation de voir une fois en sept ans le chef de leur saint patron.

« Avant la réforme des deux monastères de Saint-Denis et de Montmartre, les religieuses donnoient à dîner aux religieux dans leur réfectoire et ils dînoient tous ensemble ; mais la réforme a aboli cet usage et les religieux de l'abbaye de Saint-Denis font porter à Montmartre ce qui est nécessaire pour leur repas, qui ne consiste qu'en beurre frais, en raves, deux œufs et un morceau de pâté de poisson. Ils donnent la même chose aux chanoines, aux curés et clergé, aux Récolets, aux officiers de justice et de la ville de Saint-Denis, sans parler des arquebusiers, des suisses, bedeaux et autres personnes qui se trouvent à la procession pour y faire quelques fonctions. Les religieuses ne fournissent que les logements nécessaires, les tables et les couverts.

« Voici quel est l'ordre et la cérémonie de cette procession : les dames de Montmartre envoyent, à une heure marquée, tout leur clergé au devant de la procession de Saint-Denis jusqu'au village de Clignancourt, et le clergé de Montmartre, auquel préside toujours un abbé de distinction, comme l'a fait plusieurs fois M. l'abbé de Monaco ; c'étoit, cette année, M. l'abbé de Roye. Ce clergé, dis-je, s'étant avancé jusqu'au milieu des religieux de Saint-Denis, l'abbé président, revêtu de chappe aussi bien que ses deux assistans, se place devant le chef de saint Denis et l'encense. Il encense ensuite le religieux qui doit célébrer la messe. Cependant, les religieux chantent l'antienne : *O beate Dionisi*, etc., après laquelle le célébrant chante le verset et l'oraison ordinaire ; pendant ce temps, l'abbé encense tout du long de la procession de Saint-Denis.

« Le clergé de Montmartre, suivi de l'abbé président et de la justice de cette abbaye, avance en même temps pour prendre sa place à la tête de la procession de saint Denis, et ensuite, on continue la marche vers l'église de Montmartre. Lorsque le clergé est arrivé, il se met en haye au bas de cette église, et les deux assistans encensent toute la procession.

« Lorsque le chef arrive, ceux qui le portent s'arrêtent, et M. l'abbé l'encense trois fois et se retire avec le clergé de Montmartre.

« Tous les religieux étant entrés dans le chœur extérieur chantent un repouds de Saint-Denis, et ensuite, les religieuses, qui sont toutes devant la grille chantent une antienne, après laquelle le célébrant chante le verset et l'oraison, et tout de suitte on va se préparer pour la grand messe qui est célébrée par le grand-prieur de l'abbaye de Saint-Denis, assisté de ses religieux. Cependant, tous les autres religieux de la procession entrent par le chœur intérieur des religieuses, par la porte ditte des sacremens, selon la permission de S. E. M. le cardinal de Noailles donné en 1721, et les cinq chantres revêtus de chappes commencent solennellement la messe, que les religieux poursuivent avec l'orgue et les cérémonies accoutumées.

« Cette messe étant finie, le P. sous-prieur, assisté de tous ses officiers religieux se dispose à dire la seconde messe que les dames religieuses chantent ; pendant laquelle la communauté de Saint-Denis et les autres corps qui ont accompagné la procession vont prendre leur repas. Après la seconde messe, les officiers qui y ont assisté font la même chose, et ensuitte on se dispose pour le retour de la procession en cette manière ; les religieux étant assemblés dans le chœur extérieur, le grand-prieur, le P. sous-prieur et le P. doyen de l'abbaye de Saint-Denis s'y rendent, et le grand-prieur ayant entonné le *Te Deum* devant l'autel, cet hymne est continué par l'orgue. Cependant, ces trois religieux montent à la grille et la trésorière met entre les mains du grand-prieur un ange de vermeil doré qui porte un reliquaire d'or enrichi de pierreries, dans lequel est une relique de saint Denis, et la présente à baiser à l'abbesse et à toutes les religieuses, qui chantent un motet et une antienne.

« L'abbesse dit ensuitte un verset et une oraison et présente au grand-prieur quelque meuble d'église comme voile de calice ou autre ouvrage de broderie ; elle a présenté cette année un legile (*en marge* : legile, écharpe ou pièce d'étoffe dont on couvre le pupitre sur lequel on chante l'Évangile aux messes solennelles) de velours cramoisi, enrichi d'une belle broderie, estimé environ 200 écus ; deux chantres commencent tout de suite les grandes litanies, et le clergé de Montmartre s'étant rassemblé, reconduit la procession hors de l'église. L'abbé et ses assistans sont à la porte en dehors et l'encensent pour la dernière fois. Enfin, lorsque le chef de saint Denis est prêt à sortir, les porteurs s'arrêtent un moment, et l'abbé l'encense par trois fois et encense aussi le supérieur en passant.

« Voilà, Monsieur, tout ce qui s'est passé le premier jour de ce mois à l'occasion de la procession que l'abbaye de Saint-Denis fait tous les sept ans à l'abbaye de Montmartre ; sur quoy je vous dirai que ces dames y ont tant de dévotion et y sont si attachées, que si on refusoit de la faire, elles emploieroient toutes sortes de moyens pour y obliger les religieux de Saint-Denis.

« C'est ce que Madame d'Harcourt témoigna, il y a 42 ans, à un prieur de cette abbaye qui alla lui représenter la grande fatigue et la dépense que cette cérémonie causoit à sa communauté.

« Il y a donc grande apparence que pendant que les deux abbayes subsisteront, on procurera ce spectacle au public qui y accourt, les uns par dévotion, les autres par curiosité, avec tant de concours et d'empressement que la montagne et les chemins par où l'on passe sont tout remplis de monde, comme on l'a vu particulièrement cette année, que le temps était parfaitement beau.

Je suis, etc. etc. » (Archives nat., L. 1031, abbaye de Montmartre).

En 1700, l'abbaye avait 28.000 livres de rentes, plus une pension de 6.000 livres donnés par le Roi ; elle se composait de soixante religieuses et de douze sœurs converses (*Mémoire de la Généralité de Paris*, p. 12).

Dans la seconde moitié du XVIII siècle, sa situation est moins prospère ; d'un placet qu'elle adresse à la Commission des loteries (Arch. nat., G⁹ 651), il résulte que ses revenus sont de 45,284 livres 16 sols, 8 deniers, mais que ses charges s'élèvent à 67.595 livres, 9 s., parmi lesquelles « la nourriture, vestiaire et entretien de 48 religieuses à 500 livres chacune, la nourriture de trois ecclésiastiques, d'un intendant et d'un chirurgien, le chauffage et lumière à 500 livres, plus 17 domestiques ». Elle sollicite un secours pour la réparation du monastère d'en haut et surtout du mur de clôture sur la rue des Rosiers, lequel tombe en ruines.

Ces travaux ne devaient pas être faits. Supprimée en 1790, l'abbaye vit partir spontanément, dès le mois de février, sept de ses religieuses ; à la fin de la même année, il y demeurait encore 28 dames de chœur et 18 sœurs converses ; ce sont elles qui rédigèrent la requête suivante, dont nous donnons le texte en raison de son intérêt topographique :

« A Messieurs les Commissaires des biens nationnaux ecclesiastiques.

 Messieurs,

« Nous avons l'honneur de vous adresser des réclamations auxquelles nous espérons que vous voudrez bien avoir égard. L'intérêt du trésor public vous le permet ; l'humanité vous y engage.

« La municipalité de Montmartre se propose de vendre le terrain qui compose l'enclos de l'abbaye, ne nous laissant la jouissance que de six arpents. D'après quelques réflexions, vous allez juger si ce ne seroit point commettre une injustice extrême que d'user de cette rigueur à cet égard. Le sol que nous habitons est privé d'eau par la nature. A ce défaut supplée une citerne qui se trouve comprise dans le terrain que l'on veut mettre en vente. En nous ôtant ce terrain on nous ôte la citerne et avec elle une des premières choses nécessaires à la vie. Pour nous procurer la quantité d'eau journalière, il faudra donc sacrifier une partie de cette modique pension qui nous est accordée et qui, sans ce surcroît de frais suffiroit déjà à peine à notre subsistance. En nous ôtant cette citerne, on nous ôteroit jusqu'à la jouissance des six arpens qui nous resteroient, puisque faute d'arrosement ils seront condamnés à la stérilité.

« De plus, le même terrain renferme aussi notre sépulture. Faudra-t-il la transporter dans l'espace de terre très limité qu'on nous aura laissé pour nous servir de jardin ? Nous serions alors réduites à semer et à recueillir nos légumes et nos fruits sur le cadavre de nos sœurs.

« Mais, dira-t-on, si on laisse à la Communauté la jouissance de tout l'enclos, on frustreroit par là le trésor public d'un produit considérable qui résulteroit de l'aliénation de ce terrain. Non, Messieurs, ce produit ne sera pas, à beaucoup près, aussi avantageux qu'on pourroit le croire. Il ne sera pas capable de compenser le tort et les privations que cette vente vous causeroit. Le principal attrait que ce terrain présente aux acheteurs est l'espoir d'en tirer de la pierre, mais il faut savoir, et l'on peut s'en convaincre, en se transportant sur les lieux, que les carrières sont épuisées ; elles n'offrent plus que de vastes souterrains à combler, à étayer, qui exigent des fondemens très dispendieux si l'on veut bâtir dessus.

« L'acquéreur, en outre, ayant à clore sa propriété et à la séparer de la nôtre, la construction d'un mur mitoyen le forcera à une dépense qui, mise en ligne de compte dans l'estimation du terrain, diminuera beaucoup sa valeur.

« En conséquence nous vous prions, Messieurs, de faire maintenir l'abbaye de Montmartre dans la jouissance d'un terrain dont la vente ne serait pas très lucrative pour l'Etat et dont la privation serait pour vous une source de dépenses et d'incommodités ; ou plutôt, nous vous prions de nommer parmi vous des commissaires qui viendront sur les lieux examiner et reconnaître la justesse de nos observations et la justice de notre demande » (Arch. nat. S. 4419).

Par délibération du 30 décembre 1790, la Commission des biens nationaux ecclésiastiques décida, conformément au désir de l'abbaye, qu'il y avait lieu de surseoir à l'aliénation de l'enclos (*ibid.*) ; mais, au mois d'août 1792, ordre était donné de procéder à l'évacuation immédiate du couvent, dont l'argenterie était enlevé et déposée à la Monnaie, le 19 octobre suivant (de Barthélemy, pp. 309-310).

Chapelle du Saint-Martyre. — Nous avons parlé plus haut (p. 2) des origines du *Martyrium* et réfuté la thèse de Lebeuf qui ne veut voir, dans la crypte découverte en 1611, qu'une sorte de cachette où les habitants de Montmartre auraient mis leurs biens à l'abri en temps de guerre ; comme l'a fait remarquer Guilhermy, les hautes murailles de l'abbaye leur eussent été un lieu bien plus sûr.

Le *Recueil des Chartes* de l'abbaye publié par M. E. de Barthélemy contient plusieurs documents inédits sur les chapellenies du Saint-Martyre : c'est d'abord l'acte de 1346 par lequel l'abbesse, Jeanne de Vallengoujart répartit entre les deux chapelains, Jean du Chemin et Guillaume de Boutonnier, la maison qu'ils occupent : « c'est assavoir que toute la grant maison qui tient à la chapelle, bas et haut, le celier et la cave qui est dessous, et tous les appentis qui sont du lonc de la chapelle jusques à la porte, et de la petite maison qui joint de l'autre part de la porte, si comme elle se comporte jusques à un degré qui est en la court par lequel l'on monte ès chambres qui sont sur la cuisine, et l'estage haut du colombier, seront et demourront à toujours à la chapellenie premièrement fondée, qui a prouvende en l'abbaye de Montmartre, laquelle tient à present le ledict messire Jehan; et tout le demourant des maisons, c'est assavoir la grant maison qui est devers Paris, si comme elle se comporte haut et bas, le puis et l'estage bas du colombier demourront à l'autre chapellenie secondement fondée (en 1305, cf. Lebeuf, p. 451), laquelle tient à present ledict Guillaume. Item, la court, la cuisine et la porte sont et demourront moytoiennes et communes, et les jardins seront partis au lonc jusques au bout, selon ce que le mur qui joint au coulombier se comporte, en telle manière que la partie qui est au chevet de la chapelle tout du lonc, selon ce que elle se comporte, est et demourra à la chapellenie premièrement fondée, et le demourant à l'autre chapellenie... » (p. 193-4).

Dans le même Recueil se trouvent : la charte de collation de la première chapellenie, en 1481 (p. 227-8); le contrat par lequel les gouverneurs de la confrérie de Saint-Denis fondée en la chapelle des Martyrs reconnaissent avoir reçu le 28 décembre 1483, de l'abbesse de Montmartre, une clef leur donnant accès dans ladite chapelle (p. 229) et enfin les deux actes si importants de la fondation du prieuré des Martyrs en 1622 (p. 252-5) et de la translation dans cette maison, en 1681, de la partie de la communauté restée au monastère d'en haut (p. 271-3).

Sauval dit que La Mole et Coconnas furent enterrés au Saint-Martyre. Bayle confirme le fait dans son *Dictionnaire historique* (art. Usson, t. XIV, p. 507 de l'édition de 1820), par un extrait du *Divorce satirique*, pièce contemporaine, où Henri IV est censé parler lui-même : la chapelle en question y est appelée par erreur Saint-Martin; mais la mention : « qui est sous Montmartre », ne laisse pas de doute sur l'identification. Le texte laisse entendre que ce double enterrement fut clandestin.

Le prieuré des Martyrs fut, comme l'abbaye, supprimé en 1790 et vendu en 1793; ses bâtiments furent complètement démolis, sans qu'on ait eu même le soin de conserver par un signe quelconque l'emplacement du *Martyrium*, ce monument le plus ancien sans doute des premiers habitants de Paris; on en transforma le terrain en carrière pour l'extraction du plâtre; plus tard, tout un quartier de Montmartre s'y est bâti dont les rues principales sont les rues de la Vieuville, Berthe, Foyatier, Antoinette, Léonie, des Trois-Frères. Il y a quelques années, M. l'abbé Le Rebours, alors curé de la Madeleine, s'est préoccupé de retrouver la trace de vestiges si curieux : là même où l'on pense qu'était situé le *Martyrium*, s'élève aujourd'hui une chapelle du style gothique dans le couvent des religieuses Auxiliatrices des âmes du purgatoire, situé rue Antoinette, 9.

Il convient enfin de donner ici quelques renseignements sur l'église du Sacré-Cœur, bien que cette fondation ne se rattache en rien par ses origines à l'histoire même de Montmartre, et que seule la configuration du terrain en ait déterminé l'emplacement, de même que pour d'autres lieux célèbres de pèlerinages, tels que N.-D. de Fourvières à Lyon, N.-D. de la Garde à Marseille, élevés au sommet de hautes collines. Dans la pensée des chrétiens qui firent triompher l'œuvre, il s'agissait de consacrer la France par un « vœu national » au « Sacré-Cœur de Jésus », comme une expiation et aussi une prière à Dieu de faire cesser les malheurs du pays. La devise suivante, qui fut adoptée, résumait cette formule : *Sacratissimo cordi Jesu Christi Gallia pœnitens et devota*. Une loi était nécessaire pour autoriser l'établissement, à Montmartre, d'une basilique ouverte au public : elle fut votée par l'Assemblée nationale, le 25 juillet 1873, à une majorité de 244 voix et après une discussion des plus vives, mais le texte de la loi ne comporte pas les mots : Sacré-Cœur. La construction de l'édifice fut mise au concours. Durant le délai accordé (1er février-30 juin 1894), 78 projets furent soumis à la Commission, qui classa en première ligne celui que M. Abadie avait dressé. Il est à peine utile de rappeler que le style adopté est celui de l'architecture romane avec coupoles byzantines. La cérémonie de la pose de la première pierre a eu lieu le 16 juin 1875 et l'inauguration solennelle de l'église, encore qu'inachevée, le vendredi 5 juin 1891, par l'archevêque de Paris, assisté d'un grand nombre de prélats. Abadie étant mort en août 1884, fut remplacé dans la direction des travaux par MM. Rauline et Laisné.

Histoire civile. — Au point de vue de l'histoire civile, les renseignements sont bien rares sur le vieux Montmartre. La meilleure ressource dont on puisse disposer pour ce genre de recherches, ce sont les registres paroissiaux : or, nous avons déjà déploré leur destruction dans l'incendie de l'Hôtel-de-Ville de Paris, en 1871.

Les monuments civils (si on peut les appeler ainsi), les plus anciens qui se soient conservés à Montmartre étaient les fontaines, célèbres jadis par les traditions qui s'y rattachaient. Les quatre plus connues étaient la fontaine Saint-Denis, celle du But, celles de la Fontenelle et de la Bonne (en sous-entendant le mot fontaine ou eau). Lebeuf a dit un mot des deux premières (p. 455), mais M. Sellier a résumé tout ce que l'on sait sur chacune d'elles (voy. à la *Bibliographie*). Une très ancienne tradition voulait que ce fût près de la fontaine Saint-Denis, située sur le flanc ouest de la colline, vers l'emplacement actuel du cimetière Montmartre, que saint Denis ait subi le martyre. L'*Histoire littéraire de la France* analyse (t. XXVI, pp. 303 et ss.) un poème du xive siècle, *Florent et Octavien* et en cite ces vers :

> Seigneurs, decolé fu le corps de Saint-Denis
> Droit à une fontaine, si nous dit li escris
> Qui est entre Montmartre et la cit de Paris.
> Encore l'apele-t-on la fontaine aux Martirs.
> Là, avoit ung grant bois qui fu forment feuillis
> . . . .

L'*Histoire littéraire* ajoute que cette fontaine est également mentionnée dans la chanson de *Cipéris de Vignevaux*, qui est de la même époque.

La fontaine du But ou du Buc n'a disparu que vers 1880 ; elle était située à l'endroit où la rue qui a gardé son nom rejoint la rue Caulaincourt. Il existe encore à Montmartre une rue de la Bonne, mais la rue de la Fontenelle, moins heureuse, a vu, en 1885, son nom changé en celui de La Barre.

La mire du méridien de Paris, dont parle aussi Lebeuf (p. 455), existe toujours mais bien que ce modeste obélisque, ou plutôt le terrain qui le porte ait été racheté en 1878 par la ville de Paris, il est en assez mauvais état de conservation, et un maladroit badigeonnage n'a laissé subsister de l'inscription que la première ligne. On le découvre, non sans peine, tout au fond de l'enclos de l'ancien moulin dit de la Galette, rue Girardon, n° 1.

Il existe, à notre connaissance, deux personnages dits de Montmartre : Jean de Montmartre, enlumineur de manuscrits de Jean le Bon (Douet d'Arcq, *Comptes de l'argenterie*, p. 387, cf. L. Delisle, *le Cabinet des manuscrits de la Bibliothèque nationale*, t. I, p. 16), et Pierre de Montmartre, docteur en théologie, qui vivait en 1494 et dont Lebeuf dit (t. II, p. 473) qu'il était né à Nogent-sur-Marne.

Nous ne connaissons qu'une mention relative aux écoles de Montmartre : à la date du 13 septembre 1759, Laurent Soret, maître d'école de ce lieu, figure comme parrain dans un acte des registres de la paroisse de Clichy.

Les déclarations de censives, prescrites en 1540, fournissent de nombreuses indications de lieux-dits situés sur l'étendue de la paroisse de Montmartre, y compris Clignancourt et tout le territoire extérieur à la butte qui, depuis, fut réuni à Paris. Nous les relevons, d'après les cartons Q¹ 1076¹ et 1076² des Archives nationales, en les groupant sous le nom des établissements religieux qui y percevaient le cens :

Abbaye de Montmartre : « La Pointe, aboutissant par bas au grand chemin de Clignencourt »; — Devant le Tertre; — les Grandes-Carrières; — le Val; — la Cousture aux Dames; — Irancy; — pièce de terre en la rue Traynée; — le Couvent; — Ryntru ou Rintru; — Sacalu ou Saqualye; — Cochy-Panier; — Vallette; — la Puce; — les Gochèves, aboutissant d'un bout au chemin des Poissonniers; — les Porcherons (dépendant en partie de la paroisse de Clichy).

Abbaye de Saint-Denis : Le Clos Guy, « aboutissant par le haut au chemin qui vient de Clichy à Clignancourt »; — le Moulin; — les Grands-Friches; — le Mur à seigneurs; — la Bourdonne; — Malassis; — la Grand'rue descendant à Clignancourt; — les Pallais; — les Ruelles; — la Goutte d'Or; — la Rapine, « aboutissant sur le grand chemin de la Rapine, qui va au Lendit », — le Bas-Montmoyen, vers Clichy; — Ballette, près de la Guynyère et du chemin de la Porte-Blanche; — les Bonnes Fontaines; — le Val-Larronneux, entre les chemins de Clignancourt et des Poissonniers.

Abbaye de Saint-Victor : La Bathelière, aboutissant d'un bout au chemin qui mène de la porte de Montmartre aux Porcherons; — le clos à la Bourdonne.

Prieuré de Saint-Martin-des-Champs : Coquenart; — les murs Saint-Ladre; — les Pointes, « aboutissant au chemin qui mène droit à Clignancourt ».

Saint-Nicolas du Louvre : le Clos-aux-Clercs.

Hôpital Sainte-Catherine : les Murs blancs.

Église Saint-Germain-l'Auxerrois : le Moulin-aux-Dames; — le Clos-aux-Clers; — la Porte Blanche; — les Marais; — la Couronne; —Gratte-paille; — les Carrières « près la chapelle des Martirs »; — les Désers; — les Porcherons; — une maison « tenant d'un costé à la dame desdits Porcherons, d'autre costé au chemyn tendant de Paris à Clichy. »

Enfin, un personnage, appelé Guillaume Pommereul, tient en censive les lieux-dits : la Roche, touchant d'une part à la ruelle du Saussayes ; Chantaloue ; — la Conguynyère ; — le Clos-Guy.

Autant les habitants de Montmartre étaient restés indifférents aux événements politiques de la capitale avant la Révolution, autant ils y prirent une part active à dater de ce moment. Une circonstance y contribua : dès le mois de juin 1789, on avait décidé, pour faire gagner leur vie aux pauvres dont Paris était rempli, de créer sur la colline des ateliers dits de charité, affectés surtout à l'exploitation des carrières ; il s'y trouva bientôt quinze à dix-sept mille hommes, au dire de Bailly, qui, dans ses Mémoires, ne dissimule pas les dangers d'une pareille agglomération ; aussi se hâta-t-on de les licencier : la fermeture des ateliers eut lieu le 23 août 1789 (cf. *Actes de la commune de Paris*, publiés par M. S. Lacroix, t. I, pp. 192, 233, 260-1), mais la présence, pendant ces quelques mois, de tant d'individus enfiévrés par la misère avait suffi à communiquer à la population fixe un certain esprit de violence qui se manifesta, peu après, par plusieurs insurrections, la profanation de l'église paroissiale et la destruction de la chapelle du Saint-Martyre. Nous avons déjà dit que, durant la Terreur, Montmartre prit le nom de Mont-Marat.

En 1814 et en 1815, les habitants firent preuve de la plus grande bravoure pour résister aux deux invasions des alliés ; le P. Jonquet cite (p. 107) une lettre dans laquelle Carnot prie le Préfet « de témoigner à ces braves gens la satisfaction de l'empereur et la confiance de S. M. dans leur patriotisme » (5 juin 1815). En dépit de cette valeur, la colline servit de cantonnement, pendant six mois, à huit mille Anglais.

C'est aussi à Montmartre que prit naissance la guerre civile de 1871 par le massacre dans la rue des Rosiers (aujourd'hui rue de La Barre) des généraux Lecomte et Clément-Thomas. Ces faits sont encore trop près de nous pour qu'il y ait lieu de les exposer plus longuement.

La circonscription administrative de Montmartre a subi plusieurs modifications considérables ; avant 1789, le territoire de la paroisse comprenait, outre la butte et une partie de la plaine vers Saint-Ouen et Saint-Denis, une région considérable du Paris proprement dit, limitée à l'ouest par la rue de Clichy, au sud par une ligne que représentent assez exactement les rues de Provence et Richer ; à l'est par la rue du Faubourg-Poissonnière. La construction du mur d'enceinte des fermiers généraux, commencée en 1784, eut donc pour résultat de couper en deux la paroisse, et lorsqu'en 1790, la commune de Montmartre se constitua, un conflit assez inattendu se produisit : deux municipalités se créèrent, l'une ayant son siège sur la butte, l'autre, formée par les habitants de « Montmartre *intra-muros* », qui tenaient leurs séances rue de la Tour-d'Auvergne. Cette anomalie ne dura que quelques mois : un décret de l'Assemblée nationale décida, le 25 juin 1790, qu'il n'y aurait qu'une municipalité à Montmartre, ayant son chef-lieu (on pourrait dire historique) sur la colline, et que la région sise en-deçà des nouveaux murs dépendrait de la municipalité de Paris (cf. l'article de M. L. Lazard dans le *Bulletin de la Société du Vieux Montmartre*, 21ᵉ fascicule, pp. 10-14).

La commune de Montmartre eut sa première mairie dans une maison de la place du Tertre, ainsi que l'indique une inscription apposée sur cet immeuble avec quelque solennité, le 30 avril 1893 ; puis, à partir de 1837, 3 mai, dans un bâtiment construit spécialement, et qui est encore debout ; cet édifice, après l'annexion de 1860, continua à servir de mairie ; mais. en 1888, le 16 décembre, la première pierre d'une nouvelle mairie fut posée par le préfet de la Seine et les bâtiments en ont été inaugurés le 17 juillet 1892.

Incorporée à Paris depuis le 1er janvier 1860 en vertu de la loi du 16 juin 1859, l'ancienne commune de Montmartre constitue deux quartiers (le 69e dit des Grandes-Carrières, et le 70e, Clignancourt) du XVIIIe arrondissement, dont l'autre moitié est formée par l'ancienne commune de la Chapelle. Le territoire provenant de Montmartre est limité, au sud, par la ligne des boulevards extérieurs ; à l'ouest, par les avenues de Clichy et de Saint-Ouen ; au nord, par l'enceinte fortifiée ; à l'est, par la rue des Poissonniers et le boulevard Barbès.

La partie de Montmartre réunie à Paris en 1790, constitua les sections du faubourg Montmartre (appelé faubourg Mont-Marat en 1793), et de Poissonnière (qui ne changea pas de nom) ; puis, à dater de l'an III, les divisions dites du faubourg Montmartre (IIe arrondissement) et du faubourg Poissonnière (IIIe arrondissement) ; enfin, depuis 1860, les quartiers (nos 35 et 36) du IXe arrondissement, dits du faubourg Montmartre et de Rochechouart. Il importe d'ailleurs de remarquer que ces différents sectionnements ne correspondent *qu'à peu près* à l'ancien territoire parisien dépendant, jusqu'à juin 1790, de la paroisse de Montmartre.

ÉCARTS

CLIGNANCOURT. — Dans l'onomastique française, le nom de lieu Clignancourt n'est représenté que par ce seul exemple. Lebeuf le tire de *Clenini curtis*, c'est-à-dire domaine d'un personnage gallo-romain appelé *Cleninus*; l'explication est admissible, mais nullement prouvée ; cependant, ce qui permet d'affirmer l'antiquité du lieu, c'est la découverte qui y fut faite de constructions romaines, et dont nous avons parlé plus haut. Un excellent travail de M. Ch. Sellier sur *les Seigneurs de Clignancourt* (voy. à la Bibliographie) fournira tous les renseignement destinés à compléter les indications trop sommaires recueillies par notre auteur : M. Sellier cite, pour le XIIIe siècle, un seigneur de Clignancourt appelé Adam Harent, dont la amille se perpétue dans le même fief au siècle suivant ; il cite aussi les « *de Verdelo* », Jean d'Aubigny, puis les Turquam, les de Larche, les Liger et les Brisard, du XVIe au XVIIIe siècle, mais il rappelle que ces différents propriétaires n'avaient que des parties de la seigneurie, sur laquelle l'abbaye de Saint-Denis possédait la haute suzeraineté. Les dames de Montmartre y avaient aussi une ferme dont un curieux plan est conservé aux Estampes de la Bibliothèque nationale (Topographie, Paris-Montmartre).

Dans la liste que nous avons précédemment donnée des lieux-dits de Montmartre, plusieurs appartiennent à Clignancourt : la Pointe, le Val Larronneux,

Malassis, la Rapine, les Portes-blanches, les Pointes; il existe en outre aux Archives nationales (carton Q¹ 1071) un dossier de quatre volumineux terriers du « fief de la Fosse-Turquant, dit Bouqueval, Clignancourt, Popincourt », aux XVIIe et XVIIIe siècles. Ce n'est que depuis notre siècle que Clignancourt s'est peuplé; jusqu'alors une grande voie le traversait de l'ouest à l'est : le chemin des Bœufs, aujourd'hui rue Marcadet, coupée perpendiculairement par la rue Saint-Denis qui, depuis 1868, s'appelle rue du Mont-Cenis. D'autres voies, assez nombreuses ont été percées sur les terrains en culture que montre encore l'atlas de Lefèvre avec leurs anciennes dénominations : le Champ à loup, le Poteau, les Haut-Malassis, les Rapines, la Chardonnière, les Clauys, les Ruelles, la Maison-blanche les Torlettes, la Croix-Moreau.

Par délibération du 9 février 1857, le Conseil municipal de Montmartre votait un crédit de 250,000 francs pour l'acquisition d'un terrain affecté à la construction d'une église, à Clignancourt au « carrefour des Portes-Blanches ». L'autorisation d'édifier fut donnée par arrêté préfectoral du 11 mars 1859 (Archives de la Seine, Montmartre, série D) et la pose de la première pierre, par l'archevêque de Paris et le préfet de la Seine, eut lieu le 2 mai suivant; une brochure (voy. à la Bibliographie) relate les détails de cette solennité. L'église, construite par M. Lequeux, architecte du département, fut inaugurée le 20 octobre 1863; elle porte le nom de Notre-Dame de Clignancourt; c'est un édifice de style roman, sans beauté; la circonscription curiale est limitée par les rues des Poissonniers, Christiani, de Clignancourt, Ramey, de La Barre, Lamarck, des Grandes-Carrières, Vauvenargues et le mur d'enceinte entre les portes de Saint-Ouen et des Poissonniers. La nouvelle paroisse fut érigée en succursale par décret du 23 septembre 1863.

C'est aussi à Clignancourt qu'est située la mairie du XVIIIe arrondissement inaugurée, comme nous l'avons dit, le 17 juillet 1892. Le quartier ne contient que ces deux édifices publics; en revanche, on y aperçoit encore, mais pour peu de temps sans doute, quelques vestiges de vieilles constructions, signalés par M. Sellier, notamment les murs de l'ancienne chapelle seigneuriale, sur la place Marcadet. La rue Hermel a porté, jusqu'en 1860, le nom de rue du Manoir, qui avait l'avantage d'indiquer l'emplacement du château des Liger.

LES PORCHERONS ET N.-D. DE LORETTE. — Il y a lieu de s'étonner du manque d'information de Lebeuf, qui se borne à dire (au bas de la page 455) : « Je trouve aussi, au 13 octobre 1678, la chapelle Notre-Dame des Porcherons, dite située sur la paroisse de Montmartre. »

La paroisse de Montmartre s'étendait vers Paris, nous l'avons dit, sur le faubourg Montmartre actuel, que l'on appelait alors le quartier des Porcherons; il fut assez peuplé, dès la première moitié du XVIIe siècle, pour que les habitants aient trouvé pénible de se rendre pour les offices à l'église Saint-Pierre, et sollicité la création d'une chapelle de secours. La permission en fut donnée par acte de l'official en date du 5 août 1645, et il fut décidé, en même temps, que la chapelle à construire serait placée sous l'invocation de N.-D. de Lorette et bâtie sur un terrain situé rue Coquenart. La bénédiction en fut faite le 21 mai 1646, d'après M. l'abbé Duplessy, au livre duquel (voy. à la Bibliographie) nous empruntons ces détails.

Le fonds de la paroisse Saint-Pierre, aux Archives nationales, fournit quelques mentions intéressantes sur cette modeste chapelle : dans le registre de délibérations coté LL. 871, il est question, à la date de mars 1703 (fol. 3 et 4), du don fait par M. de Binville de stalles dans le chœur pour les ecclésiastiques de la paroisse ; — le 10 septembre 1719, la fabrique délibéra sur l'opportunité d'acheter un terrain vague, voisin de la chapelle, pour en faire un cimetière (*ibid.*, fol. 30 r°) ; — le carton L. 691 renferme deux liasses, l'une, de mémoires de charpente, menuiserie, sculpture, etc., faites pour la chapelle en 1785, et de maçonnerie pour le presbytère en 1788-1789 ; l'autre, de fondations (XVIIe-XVIIIe s.), parmi lesquelles celle de « Philippe de Buyster, sculteur ordinaire des bastimens du Roy, demeurant aux Porcherons, paroisse de Montmartre », le 10 avril 1681 ; il y est aussi fait mention de sa veuve, Jeanne Vandalle.

La loi du 4 février 1791 classa Notre-Dame de Lorette parmi les paroisses de Paris avec cette circonscription : « la Chaussée-d'Antin ; le boulevard à gauche jusqu'à la rue Poissonnière ; celle-ci et celle de Sainte-Anne, jusqu'aux murs ; les murs jusqu'à la barrière de la rue de La Rochefoucauld ; celle-ci, à gauche ; celle des Porcherons, à gauche, jusqu'à celle de la Chaussée-d'Antin, et celle-ci, à gauche, jusqu'au boulevard ». Elle fut supprimée en 1793, et, peu après, en 1796, ses bâtiments furent démolis ; leur emplacement est représenté par la maison portant le n° 54 de la rue Lamartine (alors rue Coquenard). En vertu du Concordat, la paroisse fut restaurée comme succursale de Saint-Roch et son territoire fut alors limité à l'ouest par la Chaussée-d'Antin et la rue de Clichy ; au nord par les murs ; à l'est, par les rues Cadet et Rochechouart ; au sud, par la rue de Provence. Le service du culte fut installé dans une chapelle, Saint-Jean-Porte-Latine, sur laquelle on n'a que peu de notions (cf. Cocheris, t. I, p. 298-9) et qui était la chapelle du cimetière Saint-Eustache.

La construction d'une véritable église paroissiale fut décidée par ordonnance royale du 3 janvier 1822 ; les plans en furent mis au concours et c'est celui d'Hippolyte Le Bas que l'on adopta, le 23 avril 1823 ; le roi posa la première pierre le 25 août suivant, et la consécration se fit le 15 septembre 1836. L'église N.-D. de Lorette est située en bordure de la rue de Châteaudun, à 200 mètres environ à l'ouest de l'emplacement de la chapelle primitive ; elle a la forme d'une basilique romaine.

CHAPELLE SAINTE-ANNE ET LA NOUVELLE-FRANCE. — « Du côté de Paris, dit Lebeuf (p. 455), on regardait comme une dépendance de Montmartre, en 1657, le canton appelé la Nouvelle-France au faubourg Sainte-Anne, ainsi dit à cause de la chapelle du nom de cette sainte ». Jaillot est mieux informé ; il s'exprime ainsi : « Ce quartier s'étant peuplé, il fut érigé en fauxbourg en 1648 ; on lui donna pour lors, de même qu'à la rue, le nom de Sainte-Anne, à cause d'une chapelle qu'on y avait construite sous l'invocation de cette sainte, pour la commodité de quelques habitans, trop éloignés de Montmartre. En vertu d'une permission de l'abbesse, du 19 mars 1655, Roland de Bure, marchand confiseur, qui avait une maison dans ce fauxbourg, la destina pour cet objet ; il fit construire la chapelle et le logement du chapelain, et la donna, par contrat du 23 octobre 1656, à l'abbaye de Montmartre (si l'on peut appeler *donation* une cession faite par le propriétaire à condition d'être remboursé du fonds de terre et des frais de construction). Cette chapelle fut bénite le 27 juillet 1657, et, le 11 août suivant, M. l'archevêque permit, sous la condition expresse, de reconnaître le curé de Montmartre pour pasteur, d'y célébrer l'office divin » (*Quartier Saint-Denis*, p. 3 et 4).

C'est à peu près tout ce que l'on connaît sur cette chapelle ; quelques pièces du carton L. 1031 des Archives nationales n'y ajoutent rien ; ce sont des fondations de messes, entre 1680 et 1759, à « la chapelle Sainte-Anne de la Nouvelle-France ». Elle fut vendue, comme bien national, d'après le *Dictionnaire* de Lazare, le 27 germinal an III. L'examen des plans, notamment ceux de Jaillot, prouve qu'elle était située au point où la rue de Bellefond rejoint la rue du Faubourg-Poissonnière (anciennement rue Sainte-Anne) à son intersection avec la rue La Fayette. Quant à la dénomination de Nouvelle-France, due certainement à une enseigne de guinguette, elle fut appliquée au siècle dernier à une caserne des Gardes-Françaises, et est conservée encore aujourd'hui par la caserne d'infanterie qui l'a remplacée, rue du Faubourg-Poissonnière.

BIBLIOGRAPHIE. — *Sources*. Archives nationales : L. 1030 ; charte originale de la confirmation des biens de l'abbaye en 1134 ; actes relatifs à la chapelle des martyrs (1304 et 1306) ; biens de l'abbaye devant l'horloge du Palais, à Paris (1454) et à Barbery. — L. 1031 : chartes originales scellées des confirmations de privilèges de l'abbaye (1609-1726) ; chapelle Sainte-Anne ; réforme de l'abbaye en 1505 ; brevets de nomination d'abbesses, savoir : Perrette Rouillard (28 juillet 1532), Marie Bruslard (3 juin 1544), Marie L'Aubigeois (5 sept. 1546), Marie-Léonor de Bellefond (1er nov. 1675), Marie-Gigaut de Bellefond (24 déc. 1699), Marguerite de Rochechouart de Montpipault (13 sept. 1717) et confirmation de l'official (24 février 1718) ; confirmation de la nomination de Catherine de la Rochefoucauld de Consages à la suite de la démission de Louise-Émilie de la Tour d'Auvergne (8 juillet 1735) ; brevet de Marie-Louise de Montmorency-Laval (14 déc. 1760) ; revenus et charges du monastère en 1760 ; mémoires sur la fondation du prieuré des martyrs et les fautes de rédaction de la bulle de fondation et autres documents (XVIIe s.) ; fondations diverses ; baux d'une carrière de pierre à faire plâtre, sise au lieu dit la Hutte-au-Garde, paroisses de Montmartre et de Clichy (XVIIe et XVIIIe s.). — LL. 871-872 : registres de délibérations de la fabrique de Montmartre en ce qui concerne N.-D. de Lorette (1703-1753). — S. 4419 : déclaration des biens en 1790 ; mémoires des religieuses pour obtenir la liquidation de leurs pensions ; enlèvement des objets mobiliers de l'abbaye et leur transfert à Saint-Denis ; titres de rente de 10 s. p. sur la ville de Compiègne ; biens à Morlincourt (Oise). — S. 4420-4422 : seigneurie de Barbery (Oise). — S. 4423-4435 : biens à Montmartre (1200-1763). — S. 4436-4439 : biens à Clignancourt (1315-1777). — S. 4440 : titres de propriété et de rentes sur les paroisses de Clichy et de Neuilly (Batignolles, Monceaux, le Roule). — S. 4441 : biens à Boulogne-sur-Seine. — S. 4442 : biens à Belleville et au Bourget. — S. 4442 : titres de rentes à Arcueil, Auteuil, Colombes, Créteil, L'Hay, Montreuil (xve et xvie s.). — S. 4444 : seigneurie de Bourg-la-Reine (xvie-xviiie s.). — S. 4445 : fief du For (ou Four) aux Dames, sis à Paris, rue de la Heaumerie (rentes à Paris, rues de la Heaumerie, des Petits Champs, Saint-Martin, Neuve-Saint-Merry, de la Vieille-Monnaie, au Châtelet et au cimetière Saint-Jean, rues Saint-Honoré, de l'Arbre-Sec, Saint-Jean en Grève, Saint-Julien des Ménétriers, de la Lanterne, du Roule, Tirechappe, de la vieille place aux Veaux. — S. 4451 : biens aux Porcherons. — S. 4452 : fermes de Collégien, de Chelles, biens à la Minière (Seine-et-Marne). — S. 4453-4456 : possessions de l'abbaye dans le canton de Beaumont (Seine-et-Marne). — S. 4457 : biens à Noisy-le-Grand et droits sur la Marne; — titres de propriétés à Argenteuil, Longjumeau, Torfou, La Ville-du-Bois. — S. 4458 : biens et droits au Mesnil-Aubry, Luzarches, Chaumontel, Pontoise, Gonesse. — S. 4459 : actes du notariat de Boissy.

Registres. S. 4460 : seigneurie de Clignancourt (1665). — S. 4461 : fief du For-aux-Dames. — S. 4462-4476 : ensaisinements (1532-1776). — S. 4477 : censiers de Boulogne (1469, 1530, 1618 et 1668); — de Clignancourt et Montmartre (1693 et 1698). — S. 4478-4482 ; censiers de Clignancourt et de Montmartre (1569-1672). — S. 4483-4484; censiers du For-aux-Dames (1676 et 1705). — S. 4485-4488 : terriers de la seigneurie de Barbery (1512, 1540, 1560, 1618). — S. 4489 : terrier de Boissy, Maimbervilliers, Marlanval, Auxy, Butiers (Seine-et-Marne) (1680-1693). — S. 4490 : terrriers de Boulogne et de Montmartre (1729-1738). — S. 4491 : terriers de Bourg-la-Reine, Fontenay et Bagneux. — S. 4492-4494 : terriers d'Herbauvilliers et Boissy (1522-1608). — S. 4495-4498 : terriers de Montmartre, Clignancourt, La Chapelle et Monceaux (1598, 1645 et 1698).

Archives de la Seine. Rôle de supplément d'impositions sur les ci-devant privilégiés, pour les six derniers mois de 1789 et rôle des impositions ordinaires de 1790, région de Montmartre *intra muros* (côté C^1), et, dans les autres séries, le fonds des archives de la commune de Montmartre (pièces provenant de la sous-préfecture de Saint-Denis).

Bibliothèque Mazarine. Collection de plans manuscrits, dont plusieurs du xve siècle, des villages possédés par l'abbaye (cf. le *Bulletin de la Société des antiquaires de France*, 1860, p. 118).

Bibliothèque nationale. Ms. franç. 11748 : déclaration des biens de l'abbaye en 1533 (fol. 10-21, douze feuillets de parchemin). — Ms. franç. 25070 : statuts donnés aux religieuses par Étienne Poncher, évêque de Paris (xvie s.).

Bibliothèque de la Ville. « Forme et manière de donner l'abit de novice aux filles de l'ordre de notre glorieux père S. Benoît et les recevoir à profession selon la manière et coutume du royal monastère de Montmartre », 1761, in-4°, manuscrit (29035).

Imprimés. Antiphonier bénédictin pour les religieuses du royal et célèbre monastère de Montmartre; *Paris*, impr. de Louys Sevestre, 1646, in-8° (Bibl. de la Ville de Paris).

Abrégé des antiquités de Montmartre, par le P. Léon de Saint-Jean; *Paris*, 1661, in-12.

Les ouvriers de la montagne de Montmartre à Messieurs les habitans de Paris;

— la retraite des ouvriers de Montmartre; — démarches patriotiques de M. de La Fayette, à l'égard de Montmartre (3 brochures in-8° de 1789, — voy. plus haut, p. 12).

Histoire de Montmartre, par D.-J.-F. Chéronnet, revue par l'abbé Ottin; *Paris*, 1843, in-8°, 232 pp.

Mémoire sur la chapelle des Martyrs, par le baron de Guilhermy, *ap. Mémoires présentés par divers savants de l'Académie des Inscriptions et Belles-Lettres*, Antiquités de la France, t. I, pp. 298 et ss.

Statistique monumentale de Paris, par A. Lenoir, texte, pp. 37 et 50 et Planches, t. I, savoir : quatre vues générales de l'abbaye et du prieuré; une vue de l'ensemble de la colline; deux planches sur les détails de l'abbaye et du prieuré; quatre planches relatives à l'église paroissiale.

Ville de Montmartre-Clignancourt. Troisième année, 1856-1857, in-12 (Annuaire).

Solennité de la bénédiction et de la pose de la première pierre de l'église N.-D. de Clignancourt à Montmartre, par Mgr le Cardinal archevêque de Paris et par M. le Sénateur, préfet de la Seine, le 2 mai 1859; *Montmartre*, 1859, in-8° (39 pp.).

Montmartre et Clignancourt. Études historiques, par M. Léon-Michel de Trétaigne; *Paris*, Dupret, 1862, in-8° (259, pp.).

Pèlerinage à Montmartre, par M. Pinard ; *Paris*, chez l'auteur, boulevard Montparnasse, 49; 1868, in-8° (16 pp.).

Recueil des Chartes de l'abbaye royale de Montmartre, publié et annoté par Édouard de Barthélemy; *Paris*, Champion, 1883, in-8° (347 pp.).

Inventaire général des richesses d'art de la France; *Paris*, monuments religieux, t. II; *Paris*, Plon, 1888, in-8° : notices sur N.-D. de Clignancourt, par M. Darcel, pp. 51-64, et sur N.-D. de Lorette, par M. Michaux, pp. 367-399.

L'église Saint-Pierre de Montmartre, par Ch. Sellier, *ap. Bulletin de la Société des amis des monuments parisiens*, 1888. — État d'abandon de la mire du Nord à Montmartre, par Ch. Sellier, *ibid.*, n° 15-16, 1890.

Ville de Paris. Réservoirs de Montmartre, 1887-1889 ; gd. in-8°, texte et planches.

Montmartre autrefois et aujourd'hui, par le P. Em. Jonquet, missionnaire oblat de Marie immaculée; *Paris*, Dumoulin, 1890, in-8° (édition illustrée), et in-12.

Les seigneurs de Clignancourt, par Ch. Sellier, *ap. Bulletin de la Société de l'Hist. de Paris et de l'Hist. de France*, 1891 (tiré à part, in-8°, 29 pp.).

Ch. Sellier, Curiosités du vieux Montmartre. — I. Les Fontaines; Montmartre-vignoble. — II. Les moulins à vent; la porcelaine de Clignancourt; Mont-Marat. — III. Les carrières à plâtre; ensemble 3 brochures in-16, *Paris*, imp. Kugelmann; 1893.

N.-D. de Lorette, le quartier, la paroisse, l'église, par M. l'abbé E. Duplessy, vicaire à N.-D. de Lorette; *Paris*, Lethielleux, 1894, in-18.

Une « Société d'histoire et d'archéologie du 18e arrondissement, le Vieux Montmartre », autorisée par arrêté préfectoral du 26 août 1886, publie tous les trois mois un *Bulletin* où est traitée l'histoire locale. Nous croyons utile d'indiquer ici les principaux de ces travaux :

2e fascicule (février 1887) : les Cahiers de 1789 des paroisses de Montmartre et de La Chapelle. — 4e fascicule (1887) : le traité de Montmartre (1662) ; les bas-reliefs de l'avenue des Tilleuls ; les cimetières du XVIIIe arrondissement ; la maison du n° 3 de la place du Calvaire ; la maison du docteur Blanche, 22, rue de Norvins ; la maison de Trétaigne. — 7e fascicule (1888) : les artistes à Montmartre, Mlle Camille, actrice de la Comédie italienne (1735-1768) ; la légende de La Chapelle. — 10e fascicule (1889) : Montmartre et les Normands pendant le siège de Paris (885-886) ; un bienfaiteur de Montmartre (Villon) ; Chapelle. — 18e fascicule (1893) : commission des inscriptions du XVIIIe arrondissement : pose de la première plaque commémorative. — 21e fascicule (1895) : Montmartre en 1789 ; — l'assassinat de Clignancourt ; notes sur Montmartre-intra ; fête civique à Montmartre sous la Révolution ; révolution de 1848, affiches municipales et administratives : l'abbaye des Dames de Montmartre ; les colonnes du temple. — 22e fascicule (1895) : la procession du chef de Saint-Denis ; la chapelle des Martyrs [1].

La Société a, en outre, publié en 1888, dans le format habituel de ses *Bulletins* un fascicule de onze pages intitulé : « Le Vieux-Montmartre à la pose de la première pierre de la nouvelle mairie » (16 décembre 1888).

1. Ce travail, dû à M. A.-L. Bertrand, contient, sur la chapelle des Martyrs, des renseignements fort curieux, empruntés à l'ouvrage du P. Binet : *la Vie de S. Denys l'Aréopagite*, et au manuscrit latin 12685 de la Bibliothèque Nationale. Certaines inscriptions y sont citées, dont l'auteur, malheureusement, ne justifie pas assez l'authenticité.

ANGERS, IMPRIMERIE A. BURDIN ET Cie, RUE GARNIER, 4.

L'ABBÉ LEBEUF

HISTOIRE DE LA VILLE ET DE TOUT LE DIOCÈSE
DE PARIS
RECTIFICATIONS ET ADDITIONS
PAR
FERNAND BOURNON, Archiviste-Paléographe

Pour faire suite à la réimpression de l'*Histoire de la Ville et du Diocèse de Paris* de l'abbé Lebeuf, dont le texte, paru en 1883, forme cinq volumes in-8 et dont la table, qui occupe un volume, a paru en 1893, nous avons cru utile d'entreprendre la publication d'un Supplément qui comprendra : 1º les rectifications et additions à l'ouvrage de l'abbé Lebeuf; 2º sa continuation jusqu'à l'époque actuelle.

Il serait superflu de rappeler au public savant la valeur de l'*Histoire du Diocèse de Paris* : avec les livres de Sauval, Félibien et Jaillot, elle demeure encore aujourd'hui la source la plus importante de l'historiographie parisienne, et l'on sait que les paroisses du diocèse n'ont pas eu, pour l'immense majorité, d'autre histoire. Quant à l'auteur, voici ce qu'en pensait J. Quicherat, l'un des critiques les plus autorisés en pareille matière : « Il est chez nous le créateur de la science qui consiste à retrouver l'histoire par les vestiges que les événements ont laissés sur les lieux. Son *Histoire du Diocèse de Paris* est à comparer au livre de Pausanias sur les antiquités de la Grèce, et lui est supérieur par la sûreté des jugements. »

On comprendra cependant qu'après pareil cent quarante ans écoulés un pareil ouvrage ait besoin d'être rajeuni et complété. Sans parler des corrections indispensables que Lebeuf lui-même eût faites si la mort n'était venue trop tôt le frapper, la continuation de son œuvre jusqu'à notre époque est un travail qui s'impose désormais. Cocheris l'avait entreprise; pour lui aussi la mort est venue alors que sa tâche était loin d'être remplie. Comme lui, M. Bournon s'est mis à l'œuvre en dépouillant les précieux fonds de documents que la Révolution a centralisés dans les dépôts publics. Mais ses rectifications et additions, renfermées dans un cadre un peu plus étroit et comportant des indications plus brèves, et seulement essentielles des sources, pourront, il faut l'espérer, être terminées dans un délai aussi rapproché que le permet l'étendue d'un aussi vaste sujet.

Le Supplément que nous annonçons est rigoureusement conçu, suivant le plan de l'abbé Lebeuf, c'est-à-dire qu'il ne contiendra rien que ce que l'auteur de l'*Histoire du Diocèse de Paris* aurait dû dire, aurait pu dire.

Matériellement, il est imprimé dans le même format, et avec les mêmes caractères que la réimpression de 1883, aux pages de laquelle il renvoie, ainsi qu'à celle de l'édition originale, en 15 volumes in-12.

Il a semblé que la meilleure division des volumes du supplément devait être celles des doyennés de l'ancien diocèse, division conforme à la géographie historique aussi bien qu'à la logique. C'est ainsi que la publication sera répartie de la façon suivante :

Paris et sa banlieue . . . . 2 demi-volumes.
Doyenné de Montmorency . . . . 1 volume.
Doyenné de Chelles . . . . 1 volume.
Doyenné de Châteaufort . . . . 1 volume.
Doyenné de Montlhéry . . . . 1 volume.
Doyenné de Lagny . . . . 1 volume.
Doyenné du Vieux-Corbeil . . . . 1 volume.
Doyenné de Champeaux . . . . 1 volume.

Au total, 8 tomes en 9 volumes, dont chacun paraîtra au fur et à mesure de l'avancement du travail.

Les deux premiers fascicules (de ix-430 pages), comprenant le Supplément à l'Histoire de la Ville de Paris, sont en vente au prix de 10 francs chacun. Le 3e fascicule (Banlieue, 1re partie) est en vente au prix de 10 francs. Le 4e fascicule paraîtra à la fin de l'année actuelle.

Angers, Imp. Burdin et Cie, rue Garnier, 4.

www.ingramcontent.com/pod-product-compliance
Lightning Source LLC
Chambersburg PA
CBHW070524050426
42451CB00013B/2838